Die Erde gehört uns nicht. Wir gehören der Erde.

*Gewidmet ist dieses Buch
vor allem Rye, Bud, Karen, Gay
und Alden Vervaet, die im
Herzen die Erinnerung an dies
Land, wie es einmal gewesen
ist, lebendig hielten. Und
die es uns wiedergeschenkt
haben, damit wir alle es lieben.
Besonderen Dank an
Mag-la-Que, Mahte-Topah
und Miyaca*

Gedruckt auf chlorfrei gebleichtem Papier

4. Auflage 1993
16.–20. Tausend
Alle deutschen Rechte bei Carlsen Verlag GmbH, Hamburg 1992
Originalcopyright © 1991 by Susan Jeffers
Originalverlag: 1991 Dial Books for Young Readers/
A Division of Penguin Books USA Inc., New York, N. Y.
Originaltitel: BROTHER EAGLE, SISTER SKY
Deutsche Ausgabe durch Agentur Sheldon Fogelman, New York, N. Y.
Lektorat: Ursula Heckel
Satz: Lichtsatz Wandsbek, Hamburg
Druck und Bindearbeiten: Proost, Turnhout
ISBN 3-551-51440-2
Printed in Belgium

Susan Jeffers

Die Erde gehört uns nicht.
Wir gehören der Erde.

Die Botschaft des Indianerhäuptlings Chief Seattle
Aus dem Amerikanischen
von Thomas Lindquist

Carlsen

In einer Zeit, deren Spuren schon lange verweht sind im Staub der Prärie, lebte ein altes Volk in diesem Land, das wir lieben und das wir heute Amerika nennen. Jahrtausendelang haben diese Menschen hier gelebt und die großen Indianer-Kulturen der Choctaw und Cherokee, der Navajo, Irokesen und anderen entwickelt. Dann aber kamen weiße Siedler und entfesselten einen blutigen Krieg gegen die Indianer. Kaum ein Menschenleben dauerte es, und sie hatten das ganze Land in Besitz genommen. Nur kleine Gebiete überließen sie den Indianern.

Als dann der letzte der sogenannten Indianer-Kriege zu Ende ging, setzte sich Chief Seattle – einer der tapfersten und ange-sehensten Häuptlinge unter den Völkern der Westküste Nordamerikas – an den Tisch eines weißen Mannes, um ein Schriftstück zu unterzeichnen, das der neuernannte Bevoll-mächtigte für die Belange der Indianer in diesem Gebiet aufge-setzt hatte. Die Regierung in Washington, D.C., wollte der Indianer-Nation, deren Sprecher Chief Seattle war, ihr Land abkaufen.

Mit respektheischender Würde erhob sich der Häuptling. Aus seinen Augen leuchtete die große Seele, die in ihm wohnte. Und er begann mit weithin vernehmbarer Stimme zu sprechen.

Könnt ihr den Himmel kaufen? rief der Häuptling.
Könnt ihr den Regen besitzen, den Wind?

Meine Mutter sprach einst zu mir:
Jedes Stück dieser Erde ist unserem Volk heilig.
Jede Tannennadel und jedes Sandkorn am Strand.
Alle Nebel in den dunklen Wäldern.
Jede Wiese und jedes summende Insekt.
Sie alle sind heilig im Herzen unseres Volkes.

Mein Vater sprach einst zu mir:
Den Saft, der in den Bäumen fließt,
kenne ich wie das Blut, das in meinen Adern rollt.
Wir sind Teile der Erde, sie ist Teil von uns.
Und ihre blühenden Blumen sind unsere Schwestern.

Bär, Hirsch und Adler sind unsere Brüder.

Die felsigen Gipfel, die Weidegründe,
die Pferde – sie alle gehören zu einer Familie.

Die Stimmen meiner Vorfahren sprachen zu mir:
Das glitzernde Wasser, das in den Bächen fließt,
ist das lebendige Blut deines Urgroßvaters.
Geisterhafte Spiegelbilder im klaren Wasser der Seen
sind Erinnerungen an das Leben unseres Volkes.
Das murmelnde Wasser ist die Stimme deiner Urgroßmutter.
Die Flüsse sind deine Brüder. Sie stillen deinen Durst.
Sie tragen unsere Kanus und nähren unsere Kinder.
Den Flüssen sollst du die gleiche Freundlichkeit schenken
wie einem Bruder.

Die Stimme meines Großvaters sprach zu mir:
Die Luft ist kostbar. Ihr Geist wohnt in jeglichem
Leben, das sie erhält. Dem Wind, der mir den ersten
Atemzug schenkte, gab ich meinen letzten Seufzer.
Du sollst die Luft heilig halten und auch das Land,
wo du den Wind fühlen und schmecken kannst,
duftend von Wiesenblumen.

Wenn der letzte Rote Mann und die letzte Rote Frau
verschwunden sind, ihre Erinnerung nur der Schatten
einer Wolke über der Prärie: Werden Küsten und Wälder
und der Geist meines Volkes dann noch da sein?
Meine Vorfahren sprachen zu mir: Wir wissen,
daß die Erde nicht uns gehört. Wir gehören der Erde.

Die Stimme meiner Großmutter sprach zu mir:
Lehre deine Kinder, was wir dich gelehrt haben.
Die Erde ist deine Mutter.
Was der Erde geschieht, geschieht allen Söhnen
und Töchtern der Erde.

Hört meine Stimme. Hört die Stimme meiner Vorfahren, sprach Häuptling Seattle.
Das Schicksal eures Volkes ist uns verborgen.
Was wird sein, wenn alle Büffel geschlachtet sind?
Was wird sein, wenn alle wilden Pferde gezähmt sind?
Was wird sein, wenn die geheimen Winkel des Waldes ersticken am Geruch vieler Menschen?

Wenn die Hügel gefesselt sind von sprechenden Drähten?
Wo wird die Wildnis dann sein? Verschwunden.
Wo wird der Adler dann sein? Verschwunden.
Und was wird sein, wenn wir Abschied nehmen
vom flinken Pferd und von der Jagd?
Das Ende des Lebens. Der Anfang vom Überlebenskampf.

Dies wissen wir: Alle Dinge sind verbunden wie das Blut, das uns einigt. Das Netzwerk des Lebens haben wir nicht geflochten. Wir sind nur ein Faden darin. Was wir dem Netz antun, das tun wir uns selber an.

Wir lieben die Erde, wie ein Kind den Herzschlag seiner Mutter.
Wir geben euch unser Land. Achtet es, wie wir es
geachtet haben. Bewahrt die Erinnerung an das Land,
wie es jetzt ist, da ihr es in Besitz nehmt.
Erhaltet das Land und die Luft und die Flüsse für
eure Kinder. Und liebt es, wie wir es geliebt haben.

Die Worte des Häuptlings Seattle sind im Nebel der Zeiten verhallt.
Wir wissen nicht, ob er damals einen Brief geschrieben oder eine
Rede gehalten hat. Wir wissen nur, daß Chief Seattle ein fried-
liebender und geachteter Führer der Indianervölker im Nord-
westen Amerikas war. Um das Jahr 1850 herum, als die Regierung
in Washington, D.C., der geschlagenen und dezimierten Indianer-
Nation das Land abkaufen wollte, antwortete er in einer langen
Rede in seiner Muttersprache, mit der natürlichen Überzeugungs-
kraft, die jahrhundertealte mündliche Überlieferung verleiht.
Seine Worte wurden aufgezeichnet von Dr. Henry A. Smith, der
mit Chief Seattle befreundet war. In den mehr als hundert Jahren,
die seitdem vergangen sind, wurde der Text mehrmals umgeschrie-
ben und neu interpretiert. Auch ich habe den Text für mein Buch
gekürzt und nachempfunden. Entscheidend ist, daß die Worte
Chief Seattles damals wie heute eine unabweisbare Wahrheit
verkünden: daß wir in unserem Eifer, immer mehr zu besitzen,
alles verlieren könnten.
Erst spät ist unser Bewußtsein für die Umwelt erwacht. Und doch
gab es schon vor mehr als hundert Jahren diese Botschaft, die von
den großen Häuptlingen der Ureinwohner Amerikas – unter ihnen
Black Elk, Red Cloud und Chief Seattle – verkündet wurde.
Den Indianern galt jedes Geschöpf und jeder einzelne Teil der Erde
als heilig. Die Natur und ihre Wunder zu zerstören hieß für sie, das
Leben selbst zu zerstören. Damals wurden ihre Worte nicht gehört.
Heute verfolgen sie uns quälend. Heute sind sie wahr geworden.
Wir müssen zuhören, ehe es endgültig zu spät ist.

Susan Jeffers